Qualitative Forschung einfach erklärt

Qualitative Interviews, Fragebogen erstellen und Gruppendiskussion

Max Mittelstaedt

Scientific Economics

ISBN: 9798601071949
Independently published

Max Mittelstaedt
Friedrichstraße 112b
38855 Wernigerode
www.scientific-economics.com
info@scientific-economics.com

Inhaltsverzeichnis

Abbildungsverzeichnis

Videoverzeichnis

Übersicht Erhebungsmethoden

Marktforschung ist die Sammlung, Aufbereitung, Analyse und Interpretation von Daten. (Böhler & Hempe, 1998) Die Qualitative Marktforschung ist dabei ein Teilbereich der Marktforschung. Das Ziel der qualitativen Marktforschung liegt im Erkennen, Beschreiben und Verstehen psychologischer Zusammenhänge nicht aber in deren Messung. (Keppler, 1994) Sie soll Einblicke in die subjektive Sicht der Untersuchungsperson geben. (Jacob, Heinz, Décieux, & Eirmbter, 2011) Informationen sind in jedem Marketingplan, als Analysephase, ein fester Bestandteil oder wie es bereits Christoph Kolumbus sagte: „Zuverlässige Informationen sind unbedingt nötig für das Gelingen eines Unternehmens." (Walter & Schnittker, 2016)

Der Ausgangspunkt einer jeden Marktforschung sind die Erfahrungen der Menschen. Es gibt drei Arten Daten zu sammeln (Jacob, Heinz, Décieux, & Eirmbter, 2011):

1. Die Befragung
2. Die Beobachtung
3. Die Aufbereitung vorhandener Daten

Diese Punkte sind aber nicht getrennt zu betrachten, sondern können auch kombiniert werden. Es gibt eine Vielzahl von Untersuchungsmethoden, wie folgende Abbildung zeigt:

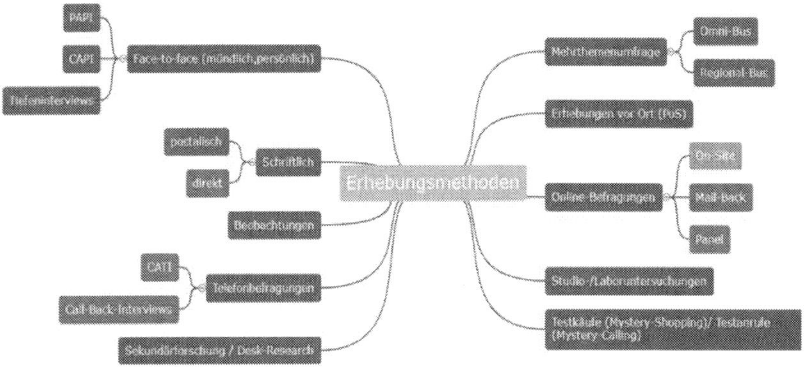

Abbildung 1: Übersicht Erhebungsmethoden, eigene Darstellung

Video 1: Einführung in die qualitative Marktforschung

Unterschied qualitativer und quantitativer Marktforschung

1) Die Datenmenge

Bei der qualitativen Marktforschung ist es möglich, eine Forschung oder eine Theorie anhand eines Falls aufzustellen. Man braucht nicht zwangsweise eine bestimmte Anzahl an Fällen, um an ein Ergebnis zu gelangen. Beispielsweise hat Sigmund Freud seine Theorie der Psychoanalyse anhand weniger (Betrachtungs-)Fälle aufgestellt.
(Brüsemeister, 2008) & (Rüdiger, 2012)

2) Das Ziel

Das Prinzip der Offenheit (siehe Prinzipien qualitativer Marktforschung) wirkt hier. Eine Anfangshypothese soll nur sensibilisieren. Der Forscher lässt sich von den Antworten seiner Versuchsperson überraschen, da es darum geht eine neue Theorie zu finden und nicht diese zu messen oder zu beweisen. Emotionale Aspekte spielen eine große Rolle.
(Brüsemeister, 2008) & (Rüdiger, 2012)

3) Logik der Offenheit

„Es ist ein kapitaler Fehler, eine Theorie aufzustellen, bevor man entsprechende Anhaltspunkte hat. Unbewusst beginnt man Fakten zu verdrehen, damit sie zu den Theorien passen, statt dass die Theorien zu den Fakten passen." - Sir Arthur Conan Doyle (Forschelen, 2017)

Das Ziel der qualitativen Marktforschung ist es, neue Theorien aufzustellen, die es vorher noch nicht gab. (Brüsemeister, 2008) & (Rüdiger, 2012)

4) Spannung

Es ist möglich, sich mit neuen Inhalten zu beschäftigen, mit denen sich zuvor noch niemand auseinandergesetzt hat. Bei der quantitativen Marktforschung geht es eher darum sich Gedanken zu machen, was anderer Forscher herausgefunden haben. (Brüsemeister, 2008) & (Rüdiger, 2012)

Es kann sogar ratsam sein, sich mit Themenfeldern zu beschäftigen, die gerade im Trend liegen und worüber es viele Informationen und Studienergebnisse gibt.

5) Generalisierbarkeit

Die gefundenen Ergebnisse einer qualitativen Forschungsarbeit sind schwer zu verallgemeinern. Bei einer Betrachtung eines Einzelfalles hat man das Problem, dass man etwas nur in Relation bewerten kann. Die Einzelfälle sind also immer in sozialen Gruppen eingebunden. Der Einzelfall sagt aber nichts über diese gesamte Gruppe aus, außer er steht explizit für die Gruppe von Menschen. (Brüsemeister, 2008) & (Rüdiger, 2012)

Video 2: Quantitative und Qualitative Marktforschung im Vergleich

	QUANTITATIVE Marktforschung	QUALITATIVE Marktforschung
Prozess der Erhebung	statistisch, geschlossen, starr →Standardisierung	offen und dynamisch
Stichprobe	groß und repräsentativ, zufällige Auswahl	klein, gezielt ausgewählt, nicht repräsentativ
Datenmaterial	numerisch	verbal
Ziel	bestehende Theorie prüfen →falsifizieren oder verifizieren	Theorie entwickeln →Überprüfung durch quantitative Marktforschung
Beispiel	standardisierte Befragungen oder Beobachtungen	Experteninterviews, Gruppengespräche
Problem	starres Befragungsschema	subjektive Analyse
Vorteil	hoher Bevölkerungsteil betrachtet	intensivere Zielgruppenbetrachtung

Abbildung 2: Vergleich quantitative und qualitative Marktforschung, eigene Darstellung, Quelle: vgl. (Brüsemeister, 2008) & (Rüdiger, 2012)

WANN SOLLTE MAN AUF DIE QUALITATIVE MARKTFORSCHUNG ZURÜCKGREIFEN?

- Quantitative Marktforschung nicht anwendbar ist. (z.B. nicht in Zahlen messbar)
- Quantitative Forschung nicht ausreicht ist. (z.B. tiefgreifende inhaltliche Analyse)
- Das Problem als Untersuchung zu aufwendig erscheint. (direktes Nachfragen oftmals einfacher) (Mayer, 2006)

Besonderheiten der qualitativen Marktforschung

1) Offenheit

Vor der Untersuchung wird auf eine Theorie verzichtet und somit auch auf eine feste Hypothesenbildung. Es ist möglich die Hypothesenbildung im Laufe der Untersuchung anzupassen. Dies ist möglich, weil es eben nicht um die Messung von Inhalten geht, sondern um die Suche nach neuen Theorien und Erkenntnissen. Der Mensch wir unvoreingenommen betrachtet und als eigenständiges Individuum gesehen. (Brüsemeister, 2008) & (Rüdiger, 2012)

2) Typisierung

In der qualitativen Marktforschung ist es wichtig stets flexibel zu bleiben. Es kann sein, dass im Laufe der Untersuchung erkannt wird, dass es notwendig ist, einen anderen Typen von Menschen zu befragen. Der Versuchsperson wird Spielraum in Ihrer Antwort gelassen. Es sollen gegensätzliche Meinungen angehört werden, weswegen eine heterogene Gruppe wünschenswert ist. (Brüsemeister, 2008)

3) Kommunikation

Die Interaktion und Kommunikation zwischen Versuchsleiter und Versuchsperson ist wünschenswert. Das ist eine Grundvoraussetzung, denn psychische Konstrukte oder Meinungen lassen sich verbal vermitteln. Bei der Form der menschlichen Kommunikation handelt es sich um die natürliche Form der Kommunikation. Dabei entstehen hohe Ansprüche an den Forscher. Er muss in der Lage sein die Daten auszuwerten und eventuell fachspezifische Gespräche führen. Außerdem sollte der Forscher eventuell in der Analyse des Gesagten erkennen, was hinter dem Inhalt steht und auch auf nonverbale Aspekte achten. (Brüsemeister, 2008) & (Rüdiger, 2012)

Fazit: Die Qualitative Marktforschung ist eine personenbezogene, psychologische Marktforschung. Sie unterliegt im Prozess den angesprochenen Prinzipien der Offenheit, Kommunikation und Typisierung.

Was sind einige Anwendungsbereiche qualitativer Marktforschung?

1. Erste Strukturierung / groben Überblick finden.
2. Sachverhalt ist nicht in Zahlen ausdrückbar, z.B. Moral messen.
3. Unbekannte Forschungsfelder identifizieren und einen ersten Eindruck vom Thema gewinnen.
4. Ideengenerierung, z.B. Kreativitätstechniken.
5. Qualitative Prognosen (z.B. Expertenmeinungen bekommen oder unerwartete Meinungen finden) (Bierhoff & Frey, 2006)

Wen kann man befragen?

Die eigenen Kunden:

- Verfügen über Wissen und Erfahrung in Bezug auf das Unternehmen.
- Man kann Ihnen eine größere Auswahl an Fragen stellen, wie z.B. über das Verkaufspersonal oder die Verkaufsraumgestaltung.
- Der Nachteil besteht natürlich darin, dass es sich um Kunden handelt. Der Zustand, dass sie bereits Kunden sind, hat einen Einfluss auf die Einstellungen und Vorurteile der Versuchsperson.

Passanten:

- Weniger Aufwand (Man muss nur zur richtigen Zeit am richtigen Ort sein, z.B. beliebte Einkaufspassage)
- Befragte sind heterogener.
- Passanten sind leider meist in Hektik oder haben keine Lust auf eine Befragung.
- Der Ort der Befragung hat aber wiederum einen Einfluss auf die Aussagen

<u>Eine Gruppe (das Gruppeninterview):</u>

- Dauer: 1 bis 2 Stunden
- Teilnehmer: ca. 10 bis 20 abhängig von dem Ziel der Befragung
- Mit einer heterogenen Gruppe ist es einfacher gegensätzliche Meinungen zu finden und diese diskutieren zu lassen.

Wie kann man die Erhebung durchführen?

➔ Eine schriftliche Befragung

Vorteile	Nachteile
+ Der Befragte hat unbegrenzt Zeit	- Nicht verstandene Fragen
+ weniger Versuchsleitereinflüsse	- Fehlende Werte ;)
+ Gewährleistung von Anonymität	- Man macht sich weniger Gedanken
+ weniger aufwändig in der Organisation	- Meist keine Spontanantworten
	- Was hindert die VP vorher den Fragebogen komplett durchzulesen und dann zu antworten?

Abbildung 3: Vor- und Nachteile der schriftlichen Befragung, eigene Darstellung, Quelle: vgl. (Mayer, 2006) & (Brüsemeister, 2008)

➔ Eine mündliche Befragung

Vorteile	Nachteile
+ die Identität der Probanden ist feststellbar	- Beeinflussung durch den Interviewer
+ Einverständnis der Probanden	- Mehr Anforderungen an den Forscher (Kommunikation)
+ Fragebogen kann umfangreicher sein	- Schwerer die Daten zu vergleichen
+ ergänzende Beobachtung möglich	- Aufnahmegeräte/ - Technik notwendig
+ Wie wird etwas gesagt?	

Abbildung 4: Vor- und Nachteile der mündlichen Befragung, eigene Darstellung, Quelle: vgl. (Dresing & Pehl, 2018) & (Brüsemeister, 2008)

Video 3: Die Probanden und Methoden

Das Interview

Ist die mündliche und persönliche Art der Befragung: Die Veranlassung des Befragten durch gezielte Fragen und damit verbundene Stimuli zu verbalen Reaktionen. (Mayer, 2006)

Ein Interview besteht aus dem Interviewer, der der das Interview durchführt und der zu befragenden Person (Auskunftsperson).

Anders, als man vielleicht vermuten mag, sollte der Interviewer kein Experte sein. Er sollte vor allem eine neutrale Unbefangenheit bei der Befragung haben. Eine Beeinflussung der Versuchsperson sollte vermieden werden.

Da sich jeder Mensch unterschiedlich verhält und sich individuell in die Befragung einbringt, handelt es sich um ein Zufallsexperiment. Da es um die Meinung des Befragten geht, hält sich der Interviewer zurück und nimmt die Rolle des aktiven Zuhörers ein. Das Interview kann man sowohl für Quantitative, wenn es standardisiert ist, als auch für Qualitative Zwecke nutzen. (Lehmann, 2001)

Bei den Qualitativen Interview, wo hauptsächlich offenen Fragen gestellt werden, kann man zwischen drei verschiedenen Arten wählen: (Mayer, 2006)

- Das Explorative Interview (z.B. Narratives Interview)
- Das Tiefeninterview
- Das Fokussierte Interview

Weitere Arten des Interviews wurden außerdem bereits in Abbildung 3 und 4 besprochen.

Das Explorative Interview

Es handelt sich um eine offene weitgehend nicht standardisierte Befragung. Es geht um die Stellungnahme des Befragten zu einem Thema oder Untersuchungsobjekt.
Es wird meist nicht nur betrachtet was erlebt und gesagt wurde, sondern auch wie es gesagt wurde (nonverbale Aspekte). Beim narrativen Interview wird beispielsweise eine Eingangsfrage gestellt, anhand deren die befragte Person völlig frei erzählt. Der Interviewer ist dabei passiv und hört nur aktiv zu. (Brüsemeister, 2008)

Vorteile: (Brüsemeister, 2008)

+ Der Befragte gibt durch die spontane Erzählung mehr Informationen frei.
+ Es ist die Möglichkeit zur umfassende Lebenserzählung.

Nachteile: (Brüsemeister, 2008)

- Wird etwas routinemäßig erlebt, kann man es später nicht wiedergeben. Das erfragte Thema muss so stark verankert sein, dass es genau wiedergegeben werden kann.
- Ein geschulter Forscher/Interviewer ist deswegen Voraussetzung.
- Der Interviewpartner kann keine Erfahrung haben im freien Sprechen seiner Lebensgeschichte bzw. Erfahrung. Dieses freie Sprechen ist aber eine wichtige Eigenschaft für das narrative/explorative Interview.
- Die retrospektive Sichtweise kann anders sein, als das damalige Erlebnis wirklich wahr.

Das Tiefeninterview

Ist ein Intensivgespräch und stammt aus der Motivforschung. Es geht darum, unbewusste, verborgene oder schwer erfassbare Motive zu erfassen. Es findet eine Bedeutungszuweisung auf Grund bestimmter Theorien statt. Der Interviewer fragt aktiv nach und gibt im Gegensatz zum explorativen Interview gezielte Impulse. Dies zählt auch als Nachteil des Tiefeninterviews. Ein geschulter Interviewer muss die Befragung durchführen. (Brüsemeister, 2008)

<u>Vorteile:</u> (Brüsemeister, 2008)

+ Einsatz von Gesprächstechniken
+ Herausfinden von Motiven, Bedürfnissen und Einstellungen

Das fokussierte Interview

Das Gespräch wird auf vorab formulierte Themen beschränkt. Ziel ist es, die konkrete Wirkung eines Stimulus auf die Versuchsperson herauszufinden. Man zeigt der Versuchsperson, z.B. ein neues Werbevideo und befragt die Person anschließend nach ihrer Meinung. Dabei ist die Befragung stark gelenkt und auf den Stimulus thematisiert. (Mayer, 2006)

<u>Vorteile:</u> (Mayer, 2006)

+ höhere Vergleichbarkeit der Ergebnisse
+ interessante Ergänzungsmöglichkeiten im Einsatzgebiet

<u>Nachteile:</u> (Mayer, 2006)

- Abhängigkeit vom Leitfaden
- Stimulus notwendig

Video 4: Das Interview

Die Formen des Interviews

Neben den Arten des Interviews (explorativ, fokussiert, Tiefeninterview, schriftlich und mündlich) gibt es auch verschiedene Formen des Interviews. Gibt es keine Richtlinien und keinen Fragebogen so handelt es sich um ein freies/ unstrukturiertes Interview. Jedes Interview ist dementsprechend anders. Die Antworten der befragten Personen fallen zufällig aus und können sehr unterschiedlich sein. Auf der anderen Seite gibt es das standardisierte Interview. Es basiert auf einem vorher angefertigten Fragebogen. Die Fragen werden allen Personen in gleicher Art und Weise gestellt.

Somit dient das standardisierte Interview eher der Datenerhebung, während hingegen das freie Interview eine Art Kreativitätstechnik ist und vor allem Informationen gewinnen soll, die später auch noch weiterverarbeitet werden können. Die folgende Abbildung soll einen ausführlichen Vergleich zwischen den beiden Formen des Interviews geben. Zusätzlich wird auch noch das halbstrukturierte Interview betrachtet, welches Elemente aus den anderen beiden Formen des Interviews verbindet. (Mayer, 2006)

	FREI/ UNSTRUKTURIERT	STRUKTURIERT/ HALBSTRUKTURIERT	STANDARDISIERT
Hauptziel	Informationsgewin nung	einholen von Fakten, Meinungen	Datenerhebung
Anwendung	qualitativ	quantitativ, qualitativ	quantitativ
Kenntnis Untersuchungsbereich	nahezu nicht vorhanden	grob vorhanden	detailliert vorhanden
Frageanzahl	frei, Leitfaden	Kern feststehend	feststehend
Frageninhalt	weitgehend offen	Kern feststehend	feststehend
Fragenformulierung	frei	teils feststehend	feststehend
Reihenfolge	frei	Grundgerüst steht fest	feststehend
Antwort-möglichkeiten	meist frei	teils feststehend	meist feststehend
Vorteile	Überblick	Erhebungsaufwand gering, Vergleichbarkeit	Auswertung, Vergleichbarkeit
Nachteile	Zeit, Kosten, Aufwand, Auswertung	hohe Anforderungen an Fachkompetenz Interviewer	Vorbereitungsaufwan d, starre Durchführung
Beispiel	Gespräch mit Geschäftsführung	Aufbau Konzept Controllingverfahren	Erhebung Stoff – und Energieströme

Abbildung 5: Vergleich der Formen des Interviews, eigene Darstellung, Quelle: vgl. (Mayer, 2006) & (Lehmann, 2001)

Die Interviewtechnik

Auch bei der Interviewtechnik gibt es verschiedene Möglichkeiten das Interview zu gestalten. Es folgt eine kleine Übersicht: (Lamnek, 2008)

<u>Das weiche Interview</u>:

Die Motivation oder kognitive Fähigkeit des Befragten ist gering. Das Ziel ist es, ein Vertrauensverhältnis mit der Versuchsperson oder dem Thema zu schaffen.

Problem: Beeinflussung der Untersuchungsperson

Das neutrale Interview:

Der ursprüngliche sachliche Stil der Befragung wird gleichgehalten, es gibt eine gleichartige Befragungssituationen.

Das harte Interview:

Der Ausgangspunkt ist die ablehnende Haltung der Versuchsperson gegenüber dem Stimulus. Die Versuchsperson soll sich zu dem Gegenstand der Untersuchung äußern.

Die Arbeitsschritte im Interview

1. Die Vorbereitung:

- Ziel festlegen
- Gruppe festlegen
- Adressatenanalyse
- Interviewform wählen
- Interviewleitfaden erstellen, abstimmen, testen
- Aufzeichnung planen
- Personalleitung informieren
- Interviewer einweisen
- Vervielfältigung Interviewvordruck
- Terminabstimmung

2. Der Gesprächsbeginn:

- Kontaktphase (Begrüßung)

3. Die Gesprächsdurchführung:

- Positionierungsphase (Wer sind die Teilnehmer?)
- Informationsphase (Was ist das Thema/Ziel?)

4. Das Gesprächsende:

- kurze Zusammenfassung
- abschließende Gesten

5. Die Nachbereitung:

- Aufarbeiten angefertigte Protokolle/Aufzeichnungen
- Fragebögen auswerten. (Lehmann, 2001)

Die Transkription von Interviews

Transkription = lat. *transcribere* „umschreiben".

Ist das Übertragen einer Audio- oder Videoaufnahme in schriftliche Form. (Dresing & Pehl, 2018)

Das Interview sollte natürlich auch in entsprechend Form aufgenommen werden. Der Vorteil der Videoaufnahme ist, dass man auch die Gestik und Mimik im Nachhinein betrachten und auswerten kann. Allerdings fühlen sich dann die Teilnehmer eventuell beobachtet.

Das Ziel ist es, die Flüchtigkeit in der Auswertung zu überwinden und eine Erinnerungsstütze zu besitzen.

<u>Mögliche Transkriptionsregeln könnten sein:</u> (Dresing & Pehl, 2018)

- Sprecherkennzeichnung durch Großbuchstaben und Doppelpunkt
- Gesprochenen Interviewtext in Kleinbuchstaben notieren.
- Silbenbetonen durch Großbuchstaben kennzeichnen.
- Kurze Sprechpause mit einem * kennzeichnen.
- Auffällig lange Sprechpause von 4 Sekunden: *4*
- Dehnungen durch Buchstabenwiederholungen darstellen.
- Ausgefallene Buchstaben/verschluckte Worte durch Hochkomma ersetzen.

- Eigene Kommentare in Klammern unter Verwendung von Großbuchstaben bezeichnen.
- Gleichzeitiges Reden zweier Personen durch Doppelkreuze markieren. (Dresing & Pehl, 2018)

Die Fragen

Fragen besitzen eine Doppelfunktion: Auf der einen Seite sollen sie für eine positive Interviewatmosphäre sorgen und auf der sind sie für die Informationsgewinnung wichtig. Mit Fragen kann man spezifische Inhalte abfragen. (Rüdiger, 2012)

Die Fragenformulierungs-Grundsätze lauten:

1. Die Verständlichkeit der Frage steht an oberster Stelle.
2. Ist der Frageneinsatz begründet und dient er einem bekannten Zweck?
3. Bei der Abwehrhaltung einer Versuchsperson können richtige Fragen diese Person aufwärmen und gesprächsbereit machen.
4. Es gibt keine unerlaubten, erlaubten, richtigen, falschen Fragen. Es kommt viel mehr auf die Situation und das Thema der Untersuchung an.

Die Frageformen

Es gibt Frageformen, die:

<u>Das Antwortverhalten beeinflussend</u> (Gutjahr, 1985)

- Aufforderungsfrage: Die Versuchsperson soll ihre eigene Meinung wiedergeben.

- Motivationsfrage: Die Versuchsperson soll ermutigt werden und sich gewürdigt fühlen. Sie soll das Gefühl bekommen, etwas zum Thema der Befragung beitragen zu können. (Gutjahr, 1985)
- Offene Frage: Antwort muss selbstständig ausgeführt werden. Es gibt kein Orientierungspunkt für die Versuchsperson. Der Redefluss wird in Gang gebracht.
- Halbgeschlossene Frage: Dabei handelt es sich um vorgegebene Antwortmöglichkeiten. Die Vorgaben sind etwas ausführlicher als bei der geschlossenen Frage.
- Geschlossene Frage: ja/nein, Multiple Choice, Häufigkeits- oder Intensitätsskalen. Es ist eine knappe Beantwortung gewünscht. Die geschlossenen Fragen dienen vor allem der Vergleichbarkeit zwischen den Antworten. (Gutjahr, 1985)

Auf den Gegenstand der Untersuchung gerichtet sind:

- Faktizierende Frage: Es wird nach Informationen gefragt, die unabhängig vom Befragten gelten. Können als Kontrollfragen eingesetzt werden, um beispielsweise zu testen, ob die befragte Person nur automatisch und ohne Überlegung antwortet. (Lehmann, 2001)
- Erlebnisfrage: Reproduktion von Erlebnissen mit dem Gegenstand (Thema, Produkt) der Untersuchung. Der Erzählfluss wird in Gang gesetzt. (Lehmann, 2001)
- Einschätzungsfrage (Meinungs-, Introspektions-, Szenariofrage): Die Versuchsperson soll ihre Meinungen oder Denkweisen ausführen. Sie soll ihre persönliche Meinung offenlegen und eine Einschätzung zu dem Thema geben.
- Rhetorische Frage: Dient zur Präzisierung oder Verdeutlichung bestimmter Aspekte. Man sollte aber darauf achten, dass sie nicht als Provokation empfunden wird.
- Informierende Frage: Diese Frage bezieht sich auf eine Feststellung oder Hypothese und soll eindeutige Erkenntnisse und Meinungen gewinnen. (Gutjahr, 1985)

Den Dialog steuern:

Formale Steuerung (Eröffnungs-, Überleitungsfrage): Die Frage sollte einladend sein und einen Zusammenhang herstellen, z.B. zwischen den Themenkomplexen.

Inhaltliche Steuerung (Filter-, Affirmationsfrage): Bestimmte Themenkomplexe sollen durch Filterfragen ausgeschlossen werden. Ist eine Versuchsperson nicht an einem Thema interessiert oder hat sie keine Meinung dazu, kann man mit Filterfragen einen Übergang schaffen. Affirmationsfragen, also Fragen, bei denen man sich ein leichtes Ja oder eine Zustimmung abholt, sind gut als Einstieg oder Zwischenfrage geeignet. (Gutjahr, 1985)

Interaktionssteuerung (Kognitions-, Verhaltensfrage): Die Versuchsperson soll ihr Verhalten oder die vergangenen Antworten reflektieren. (Gutjahr, 1985)

Zusätzlich zu den drei genannten Bereichen gibt es noch: (Lehmann, 2001)

- Primärfragen: „Glauben Sie, dass Sie in Ihrem bisherigen Leben etwas Wichtiges versäumt haben?"
- Sekundärfragen: „Ist das schlimm für Sie?"
- Das Nachfragen: „Konsequenzen, Korrekturen"

Die Psychologie des Interviews

Der erste Eindruck zählt. Die Fragen am Anfang sind besonders wichtig in einem Interview. Sie können unter anderem die Stimmung der Versuchsperson beeinflussen.

Deswegen bietet sich positives Feedback an. Der Gesprächspartner sollte interessiert sein und nicht wegen der Entschädigungszahlung etc. an dem Interview teilnehmen.

Studien haben gezeigt, dass die die Intensität der Gefälligkeitsantworten mit der Höhe der monetären Anreize steigen (Gesetz der Reziprozität). Die Versuchsperson sollte auf keinen Fall das Gefühl bekommen, es handelt sich um ein Quiz oder Verhör. (Gutjahr, 1985)

Typische Eisbrecherfragen zu Beginn können dafür sorgen, einen guten Start in das Gespräch zu ermöglichen. Die Versuchsperson sollte das Gefühl haben, von Bedeutung zu sein. Das kann man erreichen, indem man Fragen mit Bezug auf die soziale Rolle stellt, z.B. Sie als Experte für...

Da es bei dem Interview zu einer menschlichen Interaktion kommt, spielen Versuchsleitereffekte eine Rolle. Dabei kann man zwischen drei Arten von Einflüssen unterscheiden: (Gutjahr, 1985)

a) bio-soziale Effekte (z.B. Alter)

b) Psycho-soziale Effekte (z.B. Persönlichkeit)

c) Situative Effekte (z.B. Untersuchungsraum)

Ein breit erforschtes Thema ist die Self-Fulfilling-Prophecy. Die Forschungshypothese wird dabei zur selbsterfüllenden Prophezeiung. Ausgelöst wird der Effekt unter anderem durch: (Gutjahr, 1985)

o Verbale Reaktionen (z.B. „Prima") des Interviewers

o Nonverbale Reaktionen des Interviewers

- Augenkontakt

- Lächeln

- Kopfnicken

o Falsche Methode (Protokollfehler)

Nicht nur der Versuchsleiter unterliegt bestimmten Aspekten. Auch die Versuchsperson wird durch Ihre Erfahrung und Wahrnehmung beeinflusst. Versuchspersonen, welche zuvor schon viele Experimente durchgeführt haben, sind kooperativer und positiver gegenüber der Befragung eingestellt. Es wurden auch unterschiedliche Probandengruppen herausgefunden: (Gutjahr, 1985)

1) „der Brave": Er versucht nicht das Forschungsthema zu erraten und ist kooperativ.

2) „der Ängstliche": Er möchte sich positiv darstellen und verhält sich gruppenkonform.

3) „der Destruktive": Er ist auffallend und verhält sich meist entgegengesetzt der Hypothese und der Meinung anderer Personen.

Video 5: Die Psychologie des Interviews

Weitere psychologische Einflüsse auf die Forschung:

Der erste Effekt, der so klar ist, dass man gar nicht darauf kommt, ist die Reaktivität. Dadurch, dass wir bei der Befragung nicht spontan, sondern meist wohl überlegt antworten, kommt es zu einer Verzerrung. Es reicht auch schon aus, dass die Versuchsperson sich beobachtet fühlt, dass die Spontanität der Antwort verloren geht. (Felser, 2015)

Verringern kann man diesen Einfluss, indem man sagt, dass die Daten anonym und streng vertraulich erhoben und gesichert werden. (Felser, 2015)

Weitere Methode zu Verhinderung der Reaktivität oder des Aufforderungscharakters (siehe unten) ist die Bogus-Pipeline-Methode: Man gaukelt der Versuchsperson vor, man wisse ganz genau, wenn sie nicht mehr einstellungsgetreu antwortet, sich zu viele Gedanken macht oder sogar lügt. Diese Methode ist allerdings ethisch fragwürdig.
Ein weiterer Teilbereich der Reaktivität ist der Aufforderungscharakter. Die Versuchsperson macht sich aktiv Gedanken darüber, was der Sinn der Untersuchung ist und versucht die Forschungshypothese herauszufinden. Die Überlegung welche Antwort die Beste ist, spielt hierbei eine große Rolle. Zusammenfassend also alles, was die Versuchsperson versucht über die Untersuchung herauszufinden. (Felser, 2015)

Hinzu kommt noch der Mere-Measurement-Effekt: Wenn man Personen über ein Verhalten oder eine Einstellung befragt, hat dies bereits zur Folge, dass die Wahrscheinlichkeit steigt, dass sie dieses Verhalten zeigen. Die Frage bzw. das Thema wir präsent, die Versuchsperson macht sich Gedanken darüber und die Verarbeitungsflüssigkeit steigt.

Allgemein sind Selbstauskünfte von Personen nicht gerade die verlässlichste Quelle. Bei Produktbewertungen könnte der Kunde ein extra schlechtes Feedback geben, um die Qualität des Produktes zu steigern, obwohl er eigentlich zufrieden ist. (Felser, 2015)

Schauen wir uns die Formulierung von Fragen und Antworten sowie das Antwortverhalten genauer an.

Für die psychologische Beeinflussung des Antwortverhalten gibt es drei relevante Effekte: (Felser, 2015)

1) Regression zu Mitte: Das Antwortverhalten tendiert grundsätzlich zu der Mitte, also die neutrale Antwortmöglichkeit.

2) Trägheit, Konsistenz und Ankereffekt: Hat der Proband sich einmal für eine Seite der Antwortskala entschieden, tendiert er dazu auf dieser Seite zu bleiben.

3) Forced Choice: Wird der Proband dazu gezwungen sich für eine Seite der Medaille zu entscheiden, kann man mit einem anderen Antwortverhalten rechnen, als wenn man eine neutrale Option vorgibt. Es zeigt sich nämlich eben nicht, dass sich die positive und negative Seite die Waage halten, sondern die Tendenzen jetzt zwangsweise eine Seite der Skala zu wählen, signifikant unterschiedlich sind.

Ein sehr interessanter Einfluss ist die Stellung von Verbotsfragen (Vergleich Möglichkeit X mit Y). Bei der Frage sollte man X verbieten, kommen andere Ergebnisse als bei, wollen Sie Y erlauben. Es gibt Versuchspersonen, die konstant mit Nein Antworten. Und vor allem sind sich die Probanden über die logische Konsequent nicht bewusst. Sie denken nicht darüber nach, was es bedeuten würde, wenn man etwas erlaubt und welche Folge das für die andere Option hätte. Probanden antworten auch wir lieber mit Nein, um ein aktives Handeln zu verhindern. (Felser, 2015)

Eine klassische Frage, die man sich bei der Erstellung von Fragebögen als Forscher stellt, ist, ob man Fragen vorgeben soll oder die Personen frei Antworten sollen. Dabei handelt es sich um zwei unterschiedliche Methoden: (Felser, 2015)

1) Produktionsmethode: Die Probanden sollen selber Antworten finden. Es kommen spontanere Antworten und zwar solche die besonders präsent sind. Es gibt hierbei mehr Datenmaterial, welches zur Verfügung steht.

2) Bewertungsmethode: Die Probanden sollen aus vorgegebenen Antworten wählen. Diese Methode ist einfacherer auszuwerten. Man kann den Fokus auf bestimmte Merkmale setzten.

➔ Der Forscher sollte sich im Klaren sein, dass die beiden Methoden zu völlig unterschiedlichen Ergebnissen führt. Eine Option, die sehr wichtig ist, kann einem beim freien Antworten einfach spontan nicht einfallen, wobei sie bei vorgegebenen Antwortverhalten direkt ins Auge springt.

Beispielsweise könnte man fragen, was die wichtigste Erfindung der letzten Jahrzehnte war. Man wird vielleicht, wegen der aktuellen Umweltsituation, das Elektroauto beim freien Antwortverhalten nennen. Wenn man aber das Internet unter den Antworten vorgebe, würde einem das Internet eventuell sofort ins Auge springen, obwohl man im ersten Moment nicht daran denken würde. (Felser, 2015)

Nicht nur Wörter spielen bei dem Antwortverhalten eine große Rolle. Auch Zahlen haben ihren Einfluss. So beurteilen sich Probanden meist in Relation zu der vorgegebenen Skala und nicht absolut nach ihrem persönlichen Wert. Das Antwortverhalten richtet sich also nach bestimmten Referenzpunkten. Wenn man sich als durchschnittlich einschätzt, wird man sich auch durchschnittlich auf der Skala platzieren, unabhängig davon, was die genaue Maßeinheit ist. (Felser, 2015)

Beispiel: Man möchte Kunden befragen, wie die optimale Größe eines hergestellten Kleidungsstücks ist. Jetzt lässt man aber aus Zielgruppengründen sehr kleine Größen bei der Befragung weg. Man fragt also alle Größen ab der Größe M ab (M, L, Xl, XXL). Wenn man jetzt Kunden befragt, die sich eher Durchschnittlich (Größe M) einsortieren würden, würden diese sich anhand der Skala auch automatisch auf die Mitte festlegen und somit eher die Größe L wählen, da dieses die mittlere Antwortmöglichkeit ist. (Felser, 2015)

Alle genannten Einflüsse zeigen ein großes Problem auf, Menschen konstruieren eventuell ihre Einstellung und Meinung anhand anderer Merkmale. Welche Merkmale fließen z.B. in die Einstellung ein? (Felser, 2015)

- Persönlich wichtige
- Besonders auffällige oder bekannte
- Bereits aktivierte

Auch die Fragen können sich gegenseitig beeinflussen. Was denkt man über Adidas? Und danach fragt man: Was denkt man über Sportartikelhersteller? Man wird regelrecht versuchen Adidas aus der zweiten Frage zu exkludieren, da man ja bereits eine Antwort dazu gegeben hat. Man ist versucht keine Antwort zweimal zu geben. (Felser, 2015)

Wie kann man jetzt abschließend diese ganzen Einflüsse für die qualitative Marktforschung nutzen?

1) Man kann bestimmte Aspekte hervorherben:

Wie das Beispiel mit den Sportartikelhersteller zeigt, kann man bestimmte Produkte, Marken, Produktmerkmale etc. aus der Frage ausklammern, indem man vorher extra danach fragt. (Felser, 2015)

2) Beide Konstruktionsmodelle verwenden:

Man kann sowohl die Urteils-/ Bewertungsmethode als auch die Produktionsmethode verwenden, um Unterschiede in dem Antwortverhalten herauszufinden. So kann man Unterschiede in z.B. der kognitiven Präsenz der verschiedenen Produktmerkmale herausfinden. (Felser, 2015)

3) Die Abfragesituation sollte so echt wie möglich sein:

Die Frage so relevant und wirklichkeitsgetreu wie möglich gestellt werden. Man sollte nicht versuchen irgendwelche Kausalitäten im Antwortverhalten zu unterstellen. Beispiel: Wenn der Proband das nicht ankreuzt, dann muss das Gegenteil ja eigentlich gelten. Das ist ein falscher Gedankengang als Forscher. (Felser, 2015)

4) Einflüsse bei der Erstellung des Fragebogens und bei der Auswertung bewusst machen.

Video 6: Psychologische Einflüsse auf die Forschung

Weitere Störfaktoren im Interview sind:

1) Die Interviewbarrieren: Ergeben sich aus dem Bild, das man vom Interviewpartner hat (Vorbehalte, Vorurteile). Es handelt sich dabei um unbewusste Informationsübermittlungen zwischen den Teilnehmern. (Gutjahr, 1985) & (Lehmann, 2001)

Beispiele: Der erste Eindruck vom Interviewpartner, gegenseitige Beeinflussung, selektive Wahrnehmung, Sympathie/Antipathie, Projektion, Vermutungen oder Annahmen.

2) Der Interviewblocker: Dabei handelt es sich um bewusst eingesetzte Mittel, um den Interviewpartner zu manipulieren. (Lehmann, 2001)

Beispiele: Bagatellisierung, Ratschläge erteilen, Ausfragen, Moralisierung, Lebensweisheiten verkünden, Abwesenheit, Wiedersprechen.

Abschließend gibt es noch weitere Vor- und Nachteile explizit für das mündliche Interview:

Vorteile	Nachteile
-große Flexibilität	-aufwendige Terminorganisation
-paralleler Einsatz von Beobachtungsverfahren	-verstärkte soziale Erwünschtheit des Antwortverhaltens (Beeinträchtigung Durchführungsobjektivität)
-direkte Rückfragen möglich	-Interviewereinfluss
-kontrollierbare Situation der Datenerhebung ist → Vermeidung von Ablenkungs-quellen (z.B. TV)	-Effekte wie Sympathie, Antipathie
-man nimmt sich mehr Zeit →größerer Fragebogen	-hohe Kosten
-höhere Responseraten	-eingeschränkte Thematik der Befragung → verstärkte Hemmungswirkung

Abbildung 6: weitere Vor- und Nachteile vom mündlichen Interview, eigene Darstellung. Quelle: vgl. (Mayer, 2006) & (Brüsemeister, 2008)

Weitere Tipps zum Interview:

- Was soll mir mein Interviewpartner sagen? Welche Information brauche ich von ihm? (Antworten überlegen)
- Gespräch antizipieren (Wer ist der Interviewpartner? Welche Probleme könnten auftauchen?)
- Thema vorbereiten
- Interessante Fragen stellen.
- Details beachten (Licht oder Sitzposition).
- Zeit lassen (Smalltalk).
- Nie darüber reden, was anschließen thematisiert wird.
- Locker statt verkrampft.
- Flexibilität
- Klarstellen, wer die Fragen stellt.
- Offen Fragen stellen.
- W-Fragen einsetzen. (Wer, Wo, Was, Wann, Wie, Warum, Woher?)

- Unproblematische Fragen zuerst, emotionale Fragen zum Schluss (zuerst muss Vertrauen aufgebaut werden)
- Sagen was stört (Fingerspitzengefühl)
- Antizyklisches Verhalten
- Fragen ruhig und sicher stellen, Antwort anhören, bei Ausweichen Frage wiederholen
- keine Frageketten
- Anonymität und Antwortakzeptanz wahren. (Wintzer & J., 2016)

Der Fragebogen

Der Zweck von Fragebögen ist es mehr über die Probanden oder Kunden zu erfahren. Der Fragebogen ist ein Instrument zur Erfassung von Persönlichkeitsmerkmalen oder Einstellungen von Probanden. Der Fragebogen soll konkrete Verhaltensweisen erfassen und mehr von der befragten Person über allgemeine Zustände oder Sachverhalten in Erfahrung bringen. (Kirchhoff, 2010)

Es gibt aber auch Fragen über Themen oder Verhaltensweisen, die man nicht stellen sollte: (Raab-Steiner & Benesch, 2010)

- nebensächliche Verhaltensweisen mit, z.B. hoher Frequenz, die man auch einfacher beobachten kann.
- Unbewusste Verhaltensweisen, z.B. Reflexe
- Sachverhalte, die schnell vergessen werden, z.B. Wie viele Zigaretten man geraucht hat.

Zu Beginn eines jeden Fragebogen ist eine Einführung für den Probanden nötig: (Brüsemeister, 2008)

- Klare Darstellung der Person/ Einrichtung, für die die Erhebung durchgeführt wird.

- Hinweis über Weiterverwendung von Daten
- Bitte um vollständiges Ausfüllen, rasche und aufrichtige Beantwortung
- Hinweis: weder richtige noch falsche Antworten möglich. Es gibt nur eine subjektive Meinung.
- Zusicherung und Anonymität versprechen
- Dank für Bearbeitung, Rückfragen per Mail
- Auf jeweilige Zielgruppe abgestimmt

➔ Die Einleitung sollte kurz, klar und bündig sein.

Vorgehen bei der Erhebung

1. Ideensammlung, Hypothesen formulieren, operationalisieren, planen wie Auswertung und Darstellung von Messwerten gemäß Hypothese aussehen soll. (Bortz & Döring, 2006)

2. Aufzeichnung der Untersuchungsaufgaben, -zielen und Programmfragen Formulierung des Fragebogens: Dabei muss die Beweisfrage (Forschungsfrage) in Testfragen umgewandelt werden. Meist kann der Sachverhalt nicht 1:1 als Frage an den Probanden gestellt werden. Es ist also unter Umständen eine „Übersetzung" notwendig. Folgende Fragen helfen dabei, diese Übersetzung zu schaffen: (Brüsemeister, 2008)

   - Sprachliche Verständigungsschwierigkeiten?
   - Frage zu abstrakt / Überforderung?
   - Frage betrifft persönliche intime Sachverhalte?
   - Zu umfangreiches Fragenpensum? (Ermüdung)
   - Möchte der Befragte sozial erwünscht / gefällig antworten?
   - Wird das Ich-Ideal (Werte, Einstellungen oder Motive) der VP angegriffen?

Bei der Formulierung des Fragebogens gibt noch weitere nützliche Hinweise: Es bietet sich in den meisten Fällen an, eine Fragebogenkonferenz zu starten. Ein Team aus ca. 3-4 Personen bespricht gemeinsam eventuelle Fragen. Dadurch wird eine Einseitigkeit vermieden und verschiedene Sichtweisen in Betracht gezogen. (Bortz & Döring, 2006)

Außerdem gibt es eine klare Richtlinie zur Anordnung der Fragebogenelemente:

- Anfang des Fragebogens: Erwärmung
- Dann: Kontakt, Interesse wecken, Vertrauen gewinnen, Selbstvertrauen und Motivation bei den Probanden aufbauen.
- Dazwischen: Unvermeidliche monotone Frageserien und unterhaltsame Fragen abwechseln. (Wechsel aus Spannung und Auflockerung)
- Am Ende: Personenstandsdaten abfragen.

3. Testen des Fragebogens: Ziel ist es, die Brauchbarkeit und Qualität des Fragebogens herauszufinden. Außerdem soll die Dauer des Fragebogens getestet werden, um diese Information an die späteren Probanden weiterzugeben. Der Test des Fragebogens kann als lautes Denken bzw. vorlesen ablaufen. Die gewonnen Informationen können wieder in der Fragebogenkonferenz besprochen werden. (Kirchhoff, 2010)

4. Durchführung der Erhebung und Stichprobenauswahl. Es gibt verschiedene Arten von Stichproben. Man kann aber nicht pauschal sagen, welche Stichprobe für die Forschungsfrage angemessen ist. Das muss für jede Forschungsfrage neu geklärt werden: (Schumann, 2000)

   - Einfache Zufallsstichprobe
   - Geschichtete Zufallsstichprobe
   - Klumpenstichprobe
   - Ad-hoc-Stichprobe
   - willkürliche Auswahl

- Schneeballauswahl
- Quotenauswahl
- Auswahl typischer Elemente

5. Auswertung und Ergebnisdarstellung

6. Ergebnispräsentation, Beantwortung der Forscherfrage

Die Fragetypen

Die offene Frage:

Beispiel: „Was ist Ihre Meinung über die Bundeskanzlerin?" (Noelle-Neumann & Petersen, 2005)

Nachteile:
- starke Abhängigkeit vom Ausdrucksvermögen des Befragten
- Interviewer-Einfluss möglich
- Auswertung schwierig (subjektive Meinung und unterschiedliche Antworten möglich)

Anwendung:
- Wissensüberprüfung
- Sprachgebrauch zu bestimmtem Thema
- Neue Themen untersuchen
- Themenaktualität messen
- Voruntersuchung

Die geschlossene Frage:

Die geschlossene Frage kann man unterteilen in Fragen mit ausformulierter und ohne ausformulierte Antwortalternative.

ohne ausformulierte Antwortalternative:

„Halten Sie den Sozialismus für eine gute Idee, die schlecht ausgeführt wurde?" (Noelle-Neumann & Petersen, 2005)

Ja..........................1
Nein.......................2
Unentschieden......3

mit ausformulierter Antwortalternative:

„Ist die deutsche Wiedervereinigung für Sie eher Anlass zur Freude oder zur Sorge?"
Eher zur Freude...............1
Eher zur Sorge.................2
Unmöglich zu sagen........3

Anwendung: (Noelle-Neumann & Petersen, 2005)
Wenn nur die Zustimmung oder Ablehnung zu einer bestimmten Position festgestellt werden soll oder sich keine alternative Antwort zu der testenden Position finden lässt.

Die Verhaltensfrage:

Beispiel: „Könnten Sie schätzen, wie viel Stunden Sie an einem normalen Werktag - also montags bis freitags - Fernsehen und wie viel Stunden durchschnittlich pro Tag?" (Noelle-Neumann & Petersen, 2005)

Die Frage bezieht sich auf ein direktes Verhalten der Person, das diese mit hoher Wahrscheinlichkeit ausführt.

Die Faktfrage:

Beispiel: „Gibt es in Ihrem Haushalt einen oder mehrere PCs, Computer?" (Noelle-Neumann & Petersen, 2005)

So lässt sich mehr über die Person herausfinden. Faktfragen können auch als Filterfragen und als Ausschlusskriterium dienen.

Die Kontakt- oder Eisbrecherfrage:

Beispiel: „Es gibt ja Menschen, die morgens munterer sind, andere kommen erst abends richtig in Schwung. Wie ist das bei Ihnen?" (Noelle-Neumann & Petersen, 2005)

Eisbrecherfragen wecken zu Beginn des Interviews Neugierde des Befragten und motivieren ihn das Interview durchzuführen.

Die Filterfrage:

Beispiel: „Sind Sie Rentner?"
o Ja
o Nein, dann gehen Sie bitte weiter zu Frage Nr. x
(Noelle-Neumann & Petersen, 2005)

Mit Filterfragen können Fragen übersprungen werden, die durch eine vorherige Frage irrelevant geworden sind.

Die Pufferfrage:

Beispiel: (Interviewer überreicht ein Bildanzeige.)
„Hier sind acht Wohnzimmer abgebildet. Welches von diesen Zimmern gefällt Ihnen am besten – ich meine: für welches würden Sie sich entscheiden, wenn Sie in einem davon wohnen sollten?" (Noelle-Neumann & Petersen, 2005)

Pufferfragen sollen den Befragten aus seinen Gedankenzusammenhängen reißen. Sie sollten dort eingebaut werden, wo man befürchtet, dass sich die Fragen gegenseitig beeinflussen. Somit ist eine (gedankliche) Trennung zwischen den Fragen möglich. (Noelle-Neumann & Petersen, 2005)

Die heikle Frage:

Für manche Forschungsfragen lässt sich nicht verhindern auch heikle Fragen über sozial unerwünschte Themen zu stellen. (Noelle-Neumann & Petersen, 2005)

Beispiel: „Stehlen Sie hin und wieder Büromaterial?"

Man kann die Chance eine Antwort zu bekommen durch die Art und Weise der Fragestellung erhöhen:

1. „Haben Sie schon einmal ein paar Bleistifte oder so etwas mit nach Hause genommen?"
2. „Es ist ja bekannt, dass die meisten...haben Sie auch...?
3. „Bitte denken Sie einmal genau nach: Wann haben Sie zum letzten Mal...? (Noelle-Neumann & Petersen, 2005)

Die Kontrollfrage:

Für die spätere Auswertung der Daten ist es wichtig zu wissen, ob ein Proband ehrlich geantwortet hat. Dies kann man in den meisten Fällen nicht mit Sicherheit feststellen. Man kann aber Kontrollfragen stellen, um unsinniges Antwortverhalten herauszufinden.

Beispiel: „Sind Sie persönlich für oder gegen den Ratifazitätsvorschlag der Regierung?" (Dieser Vorschlag ist Unsinn.) (Noelle-Neumann & Petersen, 2005)
Man könnte auch eine Frage (leicht geändert) im Zeitverlauf doppelt stellen. Im Nachhinein testet man, ob die Versuchsperson auf beide Fragen mit der gleichen Antwort geantwortet hat.

Die Indikatorfrage:

Beispiel: „Jetzt möchte ich Ihnen einen Fall erzählen: Zwei Sekretärinnen sind gleich alt und tun praktisch die gleiche Arbeit, aber eines Tages stellt die eine fest, dass die andere 300 Euro im Monat mehr bekommt. Die besser bezahlte Sekretärin ist jedoch tüchtiger und zuverlässiger und arbeitet rascher. Halten Sie es für gerecht, dass die einer mehr bekommt, oder halten Sie das nicht für gerecht?"
(Noelle-Neumann & Petersen, 2005)

Es sind Fragen, bei denen die Antwort der Befragten nicht im wörtlichen Sinne von Interesse ist, sondern Aufschluss, über das was hinter der Frage steht, gibt. (hier: ob Gleichheits- oder Leistungsprinzip wichtiger)

Die Fragenformulierung und Probleme bei der Fragenformulierung

Die beste Frage hat kein Bedeutungs- und Gestaltungsspielraum und objektive Fragen führen zur Standardisierung. Folglich sollten die Fragen leicht verständlich formuliert werden.

Bestimmtheit	Durch & Beispiel	Fragetyp
1. Grades	Aufforderung: „Was können Sie dazu sagen?"	Sachneutrale Aufforderung
2. Grades	Sachbestimmung: „Wie bereiten Sie Kaffee zu?"	Offene Frage
3. Grades	Zielbestimmung: „Können Sie uns ganz ausführlich erzählen, wie Sie Kaffee zubereiten?"	Gezielte Frage
4. Grades	Thematisierung: „Können Sie ganz ausführlich erzählen, was Sie alles tun, wenn Sie Kaffee zubereiten?"	Vollständige Frage

Abbildung 7: Bestimmtheitsgrad der Frage, eigene Darstellung, Quelle: (Kirchhoff, 2010)

Wenn man Antwortmöglichkeiten vorgibt, entstehen geschlossene Fragen. Empfohlen wird, Fragen mit einer Bestimmtheit (ab 2. Grad) zu verwenden. Auch die Reihenfolge der Fragen spielt eine Rolle in der Beantwortung. (siehe auch Probleme bei der Fragenformulierung)

Eine Studie hat dies an einem konkreten Fall gezeigt: Probanden wurde die gleiche Frage gestellt und nur die Satzbausteine verändert: (Kirchhoff, 2010)

➢ Stimmen Sie der Behauptung zu: Für die zunehmende Kriminalität in unserem Land sind in erster Linie die Menschen mit ihren individuellen Fehlverhalten und nicht die gesellschaftlichen Verhältnisse verantwortlich?

➢ Stimmen Sie der Behauptung zu: Für die zunehmende Kriminalität in unserem Land sind in erster Linie die gesellschaftlichen Verhältnisse und nicht die Menschen mit ihrem individuellen Fehlverhalten verantwortlich?

Das Ergebnis war, dass 2/3 der Probanden in beiden Fällen „ja" sagten, obwohl die Aussage komplett gegensätzlich ist. (Kirchhoff, 2010)

Zusätzlich kann man Fragen gerichtet oder ungerichtet stellen. Bei der direkten Fragenformulierung geht man auf die Persönlichkeit und Einstellung der Versuchsperson ein, z.B. Was halten Sie von der Produktinnovation?

Bei der indirekten versucht man hingegen über Umwege, z.B. über andere Personen sprechen, etwas über die Meinung der Versuchsperson herauszufinden, z.B. Welche Unterschiede würde ein Kunde zwischen den Produkten feststellen? (Kirchhoff, 2010)

Vermeiden sollte man Fragen mit einem Aufforderungscharakter. Man sollte Fragen ohne Druck und Zwang stellen. Nachfragedruck kann man, z.B. durch „Was meinen Sie dazu?", „Wie finden Sie das?", erzeugen. Die Aufforderung kann man auch noch durch Provokation oder Nachfassfragen erhöhen: „Was meinen Sie sonst noch dazu?" oder „Können Sie wirklich nichts dazu sagen?". (Kirchhoff, 2010) Diese Fragetypen sollten vermieden werden.

Video 7: Die Fragenformulierung

Weitere Probleme bei der Fragenformulierung

Es gibt eine Vielzahl an bewussten und unbewussten Einflüssen auf die Wahrnehmung von Fragen.

Einfluss haben beispielsweise:

- einzelne Wörter:
  Frage an Gruppe A: „Glauben Sie an die große Liebe?"
  Frage an Gruppe B: „Glauben Sie eigentlich an die große Liebe?" (Noelle-Neumann & Petersen, 2005)

- fehlende Erläuterung oder Alternative:
  Frage an nichtberufstätige Hausfrauen: Frage an Gruppe A: „Würden Sie eigentlich gern berufstätig sein, wenn es möglich wäre?"
  Frage an Gruppe B: „Würden Sie eigentlich gern berufstätig sein, oder machen Sie am liebsten nur Ihren Haushalt?" (Noelle-Neumann & Petersen, 2005)

- Schärfe der Formulierung:
  Frage Gruppe A: „Finden Sie, die Vereinigten Staaten sollten öffentliche Äußerungen gegen die Demokratie verbieten?"
  Frage Gruppe B: „Finden Sie, die Vereinigten Staaten sollten öffentliche Äußerungen gegen die Demokratie erlauben?" (Noelle-Neumann & Petersen, 2005)

- Die Antwortkategorien (z.B. Ja, Nein, Vielleicht oder gut, wenig, schlecht)

- Skalen (Leiterskala: 0 bis 10; Stapelskala -5 bis +5)

Lösung, um die Beeinflussung im Nachhinein zu Fragebogentest auszuschließen:

„Splitt Ballot": Methode der gegabelten Befragten als kontrolliertes Feldexperiment mit dem Ziel Effekte der unterschiedlichen Fragestellung festzustellen bzw. den Einfluss des Fragetyps herausfinden. (Petersen, 2002)

Herstellung von zwei oder vier verschiedenen Fragebogenversionen, die sich dadurch unterscheiden, dass einzelne Worte, Frageteile ausgewechselt, anders formuliert oder anders angeordnet sind.

Weitere psychologische Einflüsse sind (siehe auch Kapitel die Psychologie des Interviews): (Gutjahr, 1985)

- absichtliche Verfälschung der Antwort:
  Ist in jede Richtung (faking good, faking bad) möglich, z. B. bei Persönlichkeitsfragebogen.

- soziale Erwünschtheit:
  Tendenz der Befragten, die Items eines Fragebogens in die Richtung zu beantworten, die ihrer Meinung nach den sozialen Normen entspricht.

- Akquieszenz („Ja-Sage-Bereitschaft"):
  Tendenz unabhängig vom Frageninhalt mit" ja" oder „stimmt" zu antworten. Der Effekt tritt meistens nicht bei schwierigen Sachfragen auf.

- Tendenz zur Mitte:
  Mittlere Antwortkategorien wird häufiger gewählt, weil Informationen fehlen, um eine fundierte Aussage zu treffen oder der Proband die Information nicht preisgeben möchte.

- Reihenfolgeeffekt:
  Empfindliche Reaktion des Befragten auf die Fragenreihenfolge. Welches Argument oben oder unten, z. B. auf Liste steht, hat einen Einfluss auf die Wahrscheinlichkeit, mit der das Argument ausgewählt wird. Man sollte die Platzierung (Reihenfolge) der Antworten zufällig abwechseln.

- Wahl von Antwortmöglichkeiten mit bestimmter Länge, Wortfolge:
  Urteilsverzerrung durch Primacy-Recency-Effekt, der besagt, dass die zuerst und zuletzt genannte Information besser erinnert und wiedergegeben werden kann.

- Die Tendenz zu Raten, Tendenz zur Schnelligkeit: Fragen werden zwar beantwortet, aber Antworten nicht reflektiert. Es entsteht eine Verfälschung.
- Der Halo-Effekte: „Ausstrahlung“ von vorherigen Fragen auf dahinter platzierte Fragen. Fragen beeinflussen sich eventuell gegenseitig.

Weitere Tipps zur Fragenformulierung sind:

- Die „Sprache“ der Fragen auf Zielgruppe abstimmen. (Slang, Jungendsprache, etc.)
- Eventuell ansprechende Antwortformate, z. B. Smileys, vorgeben.
- Ansprechendes Layout
- Zumutbare Gesamtlänge
- Thematischer roter Faden
- Sinnvolle Itemwahl
- Unrealistische Formulierungen vermeiden.
- Ein Sachverhalt = ein Item
- Positive Fragen an den Anfang (ein paar Ja´s sammeln)
- Aufnahme von personenbezogenen Daten gehört meistens nicht an den Anfang. Diese Fragetypen sind sehr langweilig und monoton. Ist das Geschlecht oder das Alter eine Filterfrage muss sie natürlich dennoch am Anfang gestellt werden.
- Beeinflussen sich die Fragen gegenseitig?
- Leicht beeinflussbare Fragen an den Anfang
- Monotone Fragen in die Mitte
- Wechsel zwischen Spannung und Auflockerung
- Wissensfragen und Bewertungs- / Meinungsfragen abwechseln
- Fragen aus verschiedenen Themenbereichen stellen. (Lernprozess verhindern) z.B. „jetzt eine ganz andere Frage...“, „um auf das Thema ... zurückzukommen“ (Möhring, Schlütz, & D., 2003)

- Warum & Fragen mit: „wenn ja, dann" ... sparsam verwenden, da die VP immer versuchen wird, den Aufwand zu verringern und dann eher mit Nein antwortet, um nicht auch noch seine Meinung zu begründen.

Häufige Fehlerquellen im Fragebogen sind:

- Eine zu allgemeine Fragenformulierung: Der Bezugsrahmen der Fragen bleibt unklar und ist somit schwer zu beantworten.
- Eine Antwortkategorie fehlt oder die Antworten sind unklar.
- Die Antwortkategorien überschneiden sich, z.B. Alter 18-20, 20-22, 22-24.
- Es handelt sich um eine Doppelfrage: Ein Item mit mehreren Sachverhalten wird vorgegeben.
- Ein falsch gewähltes Skalenniveau oder die Gütekriterien werden nicht eingehalten (siehe nächster Abschnitt).
- Verwendung von Fachbegriffen, deren Interpretation nicht eindeutig ist oder gar nicht erst verstanden werden.
- Leading-Question: subjektive Formulierung von Fragen
- Sachverhalte, die man beobachten kann, sollte man nicht erfragen.
- Kein Computer nimmt das Denken beim Erstellen des Fragebogens ab.

Die Skalenniveaus im Fragebogen: (Mayer, 2006)

1. Nominalskala: Gleichheit, Ungleichheit, z. B: rote/ blaue Kugeln, Raucher (ja, nein)
2. Ordinalskala: Gleichheit, Ungleichheit, Rangfolge, z. B. größer/ kleiner, besser/ schlechter
3. Intervallskala: Gleichheit, Ungleichheit, Rangfolge, Differenzen von zwei Werten

4. Verhältnisskala: Gleichheit, Ungleichheit, Rangfolge, Verhältnisse von zwei Werten, mit absolutem Nullpunkt (Mayer, 2006)

Die wissenschaftlichen Gütekriterien, die an einen Fragebogen gestellt werden, sind: (Moosbrugger & Kelava, 2011)

Die Objektivität:
Bringt zum Ausdruck, in welchem Ausmaß die Ergebnisse unabhängig sind von der jeweiligen Person, die das Messinstrument anwendet. (Moosbrugger & Kelava, 2011)

Durchführungsobjektivität: Eine Testleistung muss, z.B. Unabhängig von dem Versuchsleiter, erbringbar sein. Der Fragebogen ist selbsterklärend.

Auswertungsobjektivität: Die Vergabe von Testpunkten für bestimmte Antworten muss von der Person des Tests unabhängig sein. Alle Beurteiler und Kontrolleure müssen auf dasselbe Ergebnis kommen. In der Schule sollten beispielsweise alle Lehre nach Kontrolle einer Arbeit auf die gleiche Note kommen.

Interpretationsobjektivität: Individuelle Deutungen der Punkte dürfen in die Interpretation bzw. Auswertung nicht mit einfließen.

Die Zuverlässigkeit (Reliabilität):
Ist ein Maß für die Reproduzierbarkeit von Messergebnissen. Misst der Test zuverlässig über einen längeren Zeitraum und über mehrere Personen hinweg? (Moosbrugger & Kelava, 2011)

Gültigkeit (Validität):
Ist das Ausmaß, in dem das Messinstrument tatsächlich das misst, was es messen soll. Es gibt eine externe und interne Validität. (Moosbrugger & Kelava, 2011)

Externe Validität: zeigt an, in wieweit sich die Testergebnisse über die Untersuchungssituation verallgemeinern lassen.

Interne Validität: Wenn Unterschiede in der abhängigen Variablen (AV) mit Sicherheit auf Unterschiede in der unabhängigen Variablen (UV) zurückgeführt werden können.

Die Repräsentativität:
Ist die Verallgemeinerbarkeit der an einer Stichprobe gemessenen Zusammenhänge auf eine Grundgesamtheit. (Moosbrugger & Kelava, 2011)

Abschließend gibt es noch weitere Vor- und Nachteile explizit für die schriftliche Befragung:

Vorteile	Nachteile
-kosteneffektiv	-Unehrlichkeit
-praktisch	-ungewissenhafte Antworten
-schnelle Resultate	-fehlende Übermittlung von Gefühlen und Bedeutungen
-Anonymität der Benutzer	-übersprungene Fragen
-große Stichprobe	-fehlende Barrierefreiheit
-Interviewerfehler vermieden	-Aktivität der Beteiligten reduziert
-durchdachte Antworten, da kein Zeitdruck	-höhere Ausfallquoten
	-äußere Einflüsse der Situation nicht kontrollierbar
	-Blättern im Fragebogen

Abbildung 8: weitere Vor- und Nachteile der schriftlichen Befragung, eigene Darstellung, Quelle: vgl. (Mayer, 2006) & (Brüsemeister, 2008)

Die Gruppendiskussion

Ist eine ca. 1-2 stündige Diskussion im Rahmen einer Kleingruppe unter Leitung eines Moderators. Herausforderungen dieser Methode sind die Zusammensetzung der Gruppe und die Anzahl der Teilnehmer. Alle Teilnehmer sollten die Möglichkeit haben, ihre Meinung frei zu äußern. Die Gruppendiskussion kann eine Kreativitätstechnik sein, um eine Vielzahl an Erkenntnissen zu gewinnen. Es können gruppeninterne Prozesse untersucht werden und die Gruppenmeinung zu einem Thema gefunden werden. Außerdem können Gruppendiskussion als Exploration, Pretest-Methode oder in Assessment-Center eingesetzt werde. (Kühn & Koschel, 2018)

Gruppendiskussionen sind spezifische Perspektiven, die nicht durch andere Methoden ersetzt oder simuliert werden kann. Sie besitzen somit ein Alleinstellungsmerkmal im Feld der Untersuchungsmethoden. Am besten ist es, wenn man mehrere Untersuchungsmethoden kombiniert. Also die Gruppendiskussion beispielsweise als Vorstudie einsetzt, um im Nachhinein Interview mit standardisierten Fragebögen durchzuführen. (Kühn & Koschel, 2018)

Sie können also z.B. als Vorstudie eingesetzt werden:

Dann haben Gruppendiskussionen eine explorative Funktion bei sehr komplexen oder wenig erforschten Gebieten. Sie können als Testfeld dienen, um eine anschließende standardisierte Befragung vorzubereiten. Außerdem kann man mit Gruppendiskussionen die Relevanz von Items in der jeweiligen Zielgruppe testen. (Lamnek, 1998)

Das Vorgehen bei einer Gruppendiskussion

1. Vorbereitung:

Gespräche mit Auftraggebern, Festlegung Erkenntnisziele, theoretische, Themendurchdringung und eventuelle Angebotsformulierung. (Kühn & Koschel, 2018)

2. Planung:

Rekrutierung, Terminfixierung, Leitfaden, Einweisung des Moderators, technisches Personal, Räume mieten.

3. Durchführung:

(Aufnahme-)Gerätetest, Bewirtungsorganisation, Gruppendiskussion durchführen.

4. Auswertung:

Transkription, Durchführung Analysen, Befunde schreiben.

5. Präsentation:

Präsentation erstellen und Ergebnisse präsentieren.

Das Studiendesign einer Gruppendiskussion

1. Der Moderator

Bei der Wahl des Moderators ist darauf zu achten, dass dieser von der Zielgruppe akzeptiert wird und in der Lage ist, eine vertrauensvolle Atmosphäre herzustellen. Als Moderator der Gruppe leitet man die Diskussion durch Fragen. Man greift nicht aktiv in das Geschehen ein. Der Moderator kümmert sich nur um die Methodik. Er sollte aktiv zuhören. (Kühn & Koschel, 2018)

Die Aufgaben des Moderators sind vielfältig:

- Organisatorische und thematische Vorbereitung der Sitzung
- Moderationsinhalte setzen.
- Pünktlichkeit
- Einhaltungswahrung der Grundregeln der Diskussion
- Verkündung des Auftrags, Moderationsziele
- Thematische Einführung

- Diskussion anstoßen, Diskussionsprozess steuern.
- Gespräche aufmerksam verfolgen.
- Gesprächsfluss aufrechterhalten, Fragen stellen.
- Beiträge zusammenfassen, verschwommene Beiträge klären, Inhalte auf Punkt bringen.
- Zeitmanagement
- Ergebnisse visualisieren, dokumentieren, zusammenfassen.
- Die Teilnehmer über Studienzweck, Aufzeichnung, Anonymität, Analyse und Dauer aufklären.
- Einhaltung von Grundregeln der Vertraulichkeit
- Ruhe und Gelassenheit ausstahlen
- Thematischen Fokus wahren.
- angenehme Atmosphäre schaffen
- Berücksichtigung gruppendynamischer Prozesse, eventuell eingreifen und den Redeanteile gleich halten: Vielredner bremsen, Schweiger stimulieren.
- Beiträge nicht werten.
- Balance zwischen Distanz und Beteiligung
- Aufmerksamkeit und Empathie
- Offenheit, Souveränität, Unparteilichkeit

Außerdem kann sich der Moderator aus einem Tool von unterschiedlichen Fragen und Rollen bedienen:

Erzählgenerierende Fragen:
Sollen Befragte dazu bewegen, erfahrungsbasierte Schilderungen zu einem vielschichtigen Themenbereich vorzunehmen. Beispiel: „Wie waren im letzten Winter ihre Erfahrungen mit ihrem Auto?" (Kühn & Koschel, 2018)

Assoziative Fragen:
Es sollen spontane Einfälle und Bilder zu einem Thema erhoben werden. Beispiel: „Was fällt Ihnen spontan zur Fußball-Bundesliga ein?" (Kühn & Koschel, 2018)
Projektive Fragen:

Eröffnen ein Rollenspiel, ermöglichen ein Perspektivwechsel und lockern Barrieren. Beispiel: „Stellen Sie sich einmal vor, die Deutsche Bank wäre ein Mensch und käme jetzt zur Tür hinein. Was für eine Person sehen Sie?" (Kühn & Koschel, 2018)

Aufrechterhaltungsfragen:
Eignen sich, um ein Thema zu vertiefen und zu verhindern, dass zu schnell zu einem neuen Thema übergegangen wird. Beispiel: „Wie war das für Sie?", „Erzählen Sie doch noch ein bisschen mehr darüber!" (Kühn & Koschel, 2018)

Enthemmungsfragen:
Die Gruppe zu heiklen Themen aus der Reserve locken. Dieser Fragetyp dient als Lenkung der Diskussion. Beispiel: „Inwiefern spielte XY eine Rolle?" (Kühn & Koschel, 2018)

Einstellungsfragen:
Die Befragte werden aufgefordert, eine eigene Position zu beziehen. Bietet sich an, um die Redeanteile gleichzuhalten. „Schweiger" auffordern auch zur Diskussion beizutragen. (Kühn & Koschel, 2018)

Moderatorrollen:
Dienen dazu der Gruppe eine bestimmte Situation vorzugeben, in der sich der Moderator befindet. (Kühn & Koschel, 2018)

- unwissender Laie: Der Moderator sammelt Wissen.
- auf der Suche nach Weisheit: Der Moderator hat mehr oder weniger großes Wissen.
- konsultiert Experten: Der Moderator will Erkenntnisse erweitern und vertiefen.
- Herausforderer: Der Moderator provoziert Meinungen.
- Schiedsrichter: Handlungsmaxime: Fair Play
- Therapeut: permanentes Nachfragen, um zu verstehen

Hemmung zu Beginn abbauen:

- Individuelle Begrüßung der Teilnehmer durch den Moderator
- Den Teilnehmern Hinweise auf Aufzeichnung und Vorabinformationen geben.
- Gegenseitiges vorstellen aller Beteiligten.
- Grund der Diskussion nennen.
- Reizvorlage, z.B. Hypothese, Zitat oder neues Produkt, zu Beginn der Diskussion zeigen, um die Diskussion in Schwung zu bringen und einen Aufhänger zu haben.

2. Gruppengröße

Lamnek, S. (1998) sieht die ideale Gruppengröße bei 9 bis 12 Teilnehmern (Lamnek, 1998). Die Anzahl der Teilnehmer hängt von dem Thema und der genauen Methodik ab. Bei Kreativitätstechniken kann es ratsam sein mehr Meinungen zu hören, wohin gehend ein tiefgreifender Meinungsaustausch mit weniger Teilnehmer besser funktioniert. Auf jeden Fall sollte man damit rechnen das 1-2 Teilnehmer kurzfristig absagen.

3. Anzahl Gruppendiskussionen

In der Regel sollten 2 bis 5 Gruppendiskussionen durchgeführt werden, um Forschungszielen gerecht zu werden.
Die Anzahl muss nicht a priori festgelegt bzw. endgültig fixiert werden. Wenn der Nutzen einer weiteren Gruppendiskussion minimal erscheint, sollte man darauf verzichten.

4. Gruppenzusammensetzung

Natürliche Gruppen:
Teilnehmer bilden auch jenseits der Gesprächsrunde feste Gruppen, z.B. Angehörige einer bestimmten Abteilung einer Firma, weswegen es sich manchmal nicht anbietet gegen die natürliche Gruppenzugehörigkeit zu verstoßen. Man kann also sich einfach den bereits bestehenden Gruppen bedienen. (Kühn & Koschel, 2018)

Künstliche Gruppen:
Sind eigens für die Diskussion rekrutierte Gruppen. Die Zusammensetzung ist neu und es wird eine Auflösung der Gruppe nach der Diskussion geben. (Kühn & Koschel, 2018)

Heterogene Gruppen:
Setzen sich aus unterschiedlichen demografischen Merkmalen zusammen. Die Mitglieder diskutieren meist lebhafter und kontroverser (methodisch fruchtbarer). (Kühn & Koschel, 2018)

Homogene Gruppen:
Sind hilfreich, wenn in Teilgruppen unterschieden werden soll (z.B. Nutzer vs. Nicht-Nutzer). Dann sollten die Teilnehmer an einer Gruppendiskussion hinsichtlich dieses Merkmals möglichst homogen sein. (Kühn & Koschel, 2018)

Es muss das richtige Verhältnis zwischen Homogenität und Heterogenität gefunden werden.

5. Rekrutierung

Die Rekrutierung besteht aus der Teilnehmeransprache, Eignungsfeststellung und Einladung. Die Teilnehmer kann man über die Kundendatenbank oder die Kundendatenbank von Marktforschungsinstituten finden.

6. Material- und Raumplanung:

Dieser Planungsschritt besteht aus Teststudio, Technik, Arbeitsmaterialien, Sitzsituation (ideal: runder Tisch), Catering.

7. Der Leitfaden

Die Gruppendiskussion nie durch Leitfaden derart vorbestimmen, dass dadurch den Teilnehmern die Luft abgeschnitten wird und sie keine eigenen thematischen Impulse setzen können. Auch der Moderator braucht Gestaltungsraum für Wendungen und problemorientiertes Nachhaken bei den Teilnehmern. Eine Diskussion und dessen Wendungen sollte man nicht vorplanen.

Ideal wäre ein grober Leitfaden mit Impulsen für Fragen, aber ohne feste Abfolge von Themen und Fragestellungen Der Leitfaden kann in Themenblöcken aufgebaut sein. (Kühn & Koschel, 2018)

Die Teilnehmerrollen und -motivation

Neben den bereits bekannten Moderatorrollen gibt es auch die Teilnehmerrollen. Die Aufgabe für den Moderator ist es diese Rollen zu erkennen und richtig mit diesen Personen umzugehen. Das oberste Ziel bleibt weiterhin, dass sich jeder Teilnehmer einbringt und die Möglichkeit hat, seine Meinung zu äußern.

Teilnehmerrolle	BEDEUTUNG IM PROZESS	HANDLUNGSSPIELRAUM MODERATOR
Vielredner	-viele Wortmeldungen -lange Wortmeldungen	-Tischseite ansprechen an der er nicht sitzt -Blickkontakt mit anderen Teilnehmern – freundlicher Hinweis
Schweiger	-Unsicherheit, Fremdheit -Protest, Rückzug, Distanzierung	-direkte Ansprache vermeiden -„Blitzlicht"
Experte	-Fachexperten können verunsichern, zu Passivität führen	-der gesamten Gruppe Anerkennung zollen -Fach-Experten charmant um Zurückhaltung bitten
Schlechtredner	-grundsätzlich ablehnende Grundhaltung als Norm	-eingreifen (z. B. Verweis auf Perspektive Betroffener)
Provokateur	-brechen Grundregeln der Diskussion (Seitengespräche, themenabweichende Fragen)	-Grundregeln bekannt geben -Leiterrolle wahren
Meinungsführer	-per se nichts Schlechtes -Problem: manipulative Meinungsaufzwinger	-darauf hinweisen: Akzeptanz unterschiedlicher Standpunkte, weder richtige noch falsche Antworten
Clown	-Späße /Wortspiele sind ok -Problem: ins Lächerliche ziehen von Beiträgen und Thema	-an die Relevanz der Fragestellung erinnern und um Ernsthaftigkeit bitten

Abbildung 9: Die Teilnehmerrollen, eigene Darstellung, Quelle: (Kühn & Koschel, 2018, S. 154-155)

Die Teilnehmermotivation beschreibt, warum sich bestimmte Teilnehmer so verhalten, wie sie sich verhalten. Sie versucht zu erklären, warum sich Personen mehr oder weniger aktiv einbringen. Dabei kann man in verschiedene Teilnehmermotivationen unterscheiden:

Das soziale Faulenzen:
Gruppenmitglieder, die sich gar nicht oder nur in sehr geringem Maße einbringen, weil es nicht um die Bewertung ihrer Einzelleistung geht. (Landes & Steiner, 2013)

Die sozialen Trittbrettfahrer:
Teilnehmer beteiligen sich nicht aktiv am Gruppengeschehen und halten sich zurück, weil sie die eigenen Beiträge für entbehrlich halten. (Landes & Steiner, 2013)

Der Trottel-Effekt:
Man will nicht als der „Dumme" dastehen und beugt vor, indem man sich zurückhält und weniger einbringt. (Landes & Steiner, 2013)

Der Köhlereffekt:
„schwächere" Mitglieder strengen sich besonders an, um am Ende nicht die Verantwortung für das schlechte Gruppenergebnis zu tragen. (Landes & Steiner, 2013)

Effekte sozialer Kompensation:
„stärkere" Gruppenmitglieder strengen sich besonders an, damit Gruppenerfolg nicht durch schwächere Mitglieder in Frage gestellt wird. (Landes & Steiner, 2013)

Zu guter Letzt sollen noch die Vor- und Nachteile der Gruppendiskussion aufgezeigt werden. Dabei ist zu erkenne, dass die Gruppensituation sowohl positive als auch negative Aspekte mit sich bringt.

Vorteile	Nachteile
Live-Beobachtungsmöglichkeit	Hohe Anforderung an den Moderator
Kein Zwang zur Meinungsäußerung & unterschiedliche Meinungen erlaubt	Notwendigkeit von intensiver Vorbereitung
Neue Perspektive und Anregungen	Spontaner Ablauf der Diskussion, wenig Planungssicherheit
Alltagsähnliche und natürliche Gesprächssituation	Verzerrungen durch die Teilnehmerrollen und –motivation möglich
Untersuchung gruppendynamischer Prozesse möglich	Kleine Fallzahl, Repräsentativität ist fraglich.
Schwarmintelligenz & Kreativitätspotential	Quantitative Auswertung ist äußerst schwierig.

Abbildung 10: Vor- und Nachteile der Gruppendiskussion, eigene Darstellung, Quelle: (Lamnek, 1998) & (Kühn & Koschel, 2018)

Video 8: Die Gruppendiskussion

Bonus: Checkliste Fragebogen erstellen

✓ Sprachliche Verständigungsschwierigkeiten?
- o Frage zu abstrakt / Überforderung? (Fachwörter)
- o Zu umfangreiches Fragenpensum? (Ermüdung)

✓ Frage betrifft persönliche intime Sachverhalte?
- o Wird das Ich-Ideal (Einstellungen/Motive) angegriffen?

✓ Möchte der Befragte sozial erwünscht/gefällig antworten?

✓ Aufnahme von Personen Daten gehört nicht an den Anfang, sondern:
- o Positive Fragen an den Anfang („ein paar Ja´s/ Zustimmungen sammeln")
- o z.B. Geht es dir gut?, Fühlst du dich bereit?,...

✓ Beeinflussen sich die Fragen gegenseitig?
- o Leicht beeinflussbare Fragen an den Anfang (Reihenfolgeeffekt)

✓ Wechsel zwischen Spannung und Auflockerung
- o Monotone Fragen in die Mitte (Primacy – Recency Effekt)
- o Wissensfragen und Bewertungs- / Meinungsfragen abwechseln.

✓ Fragen aus verschiedenen Themenbereichen verwenden.
- o Lernprozess verhindern.
- o „jetzt eine ganz andere Frage...", „um auf das Thema ... zurückzukommen"

✓ Warum & Fragen mit: „wenn ja, dann" ... sparsam verwenden (fauler TN). Teilnehmer erkennt, dass er bei dieser Antwort mehr Aufwand hat und wird sie wahrscheinlich nicht auswählen, auch wenn die Antwort passend wäre.

✓ Keine Doppelfragen verwenden: Bsp.: „Welches ist ihr größter sportlicher Erfolg, den sie erreicht haben oder anstreben?"

- o Lieber zwei getrennte Fragen stellen.

✓ Keine Fehlende Antwortmöglichkeiten? z.B. fehlende „Non-Option" (nicht-zutreffend)

✓ Keine überschneidenden Antwortmöglichkeiten? z.B. Alter (<16 & >16)

✓ Richtiges Skalenniveau verwenden.

✓ Fragen objektiv formulieren (keine Wertungen verwenden):

- o Was halten Sie von der derzeitigen schlechten Politik? (Negativbeispiel)
- o Wörter, wie z.B. Problem oder Risiko vermeiden.

Video 9: Checkliste Fragebogenerstellung

Literaturverzeichnis

Bierhoff, H. W., & Frey, D. (2006). Handbuch der Sozialpsychologie und. Göttingen: Hogrefe.

Böhler, H., & Hempe, S. (1998). Marktforschung für das Dienstleistungsmanagement. Wiesbaden: Springer Fachmedien.

Bortz, J., & Döring, N. (2006). Forschungsmethoden und Evaluation. Heidelberg: Springer-Verlag.

Brüsemeister, T. (2008). Qualitative Forschung: Ein Überblick. Wiesbaden: GWV Fachverlage GmbH.

Dresing, T., & Pehl, T. (2018). Praxisbuch Interview, Transkription & Analyse. Marburg: Eigenverlag.

Felser, G. (2015). Werbe- und Konsumentenpsychologie. Berlin: Springer.

Forschelen, B. (2017). Kompendium der Zitate für Unternehmer und Führungskräfte. Wiesbaden: Springer Fachmedien Wiesbaden GmbH.

Gutjahr, G. (1985). Psychologie des Interviews: In Praxis und Theorie. Heidelberg: Sauer.

Jacob, R., Heinz, A., Décieux, J., & Eirmbter, W. (2011). Umfrage. München: Oldenbourg Wissenschaftsverlag GmbH.

Keppler, G. (1994). Qualitative Marktforschung: Methoden, Einsatzmöglichkeiten und Beurteilungskriterien. Wiesbaden: Springer Fachmedien.

Kirchhoff, S. (2010). Der Fragebogen. Datenbasis, Konstruktion und Auswertung. Wiesbaden: VS-Verlag.

Kühn, T., & Koschel, K. (2018). Gruppendiskussionen: Ein Praxis-Handbuch. Wiesbaden: Springer Fachmedien Wiesbaden GmbH.

Lamnek, S. (1998). Gruppendiskussion: Theorie und Praxis. Weinheim: Beltz.

Lamnek, S. (2008). Qualitative Sozialforschung: Lehrbuch. Beltz: PVU.

Landes, M., & Steiner, E. (2013). Psychologie der Wirtschaft. Wiesbaden: Springer Verlag.

Lehmann, G. (2001). Das Interview: Erheben von Fakten und Meinungen im Unternehmen. Renningen-Malmsheim: Expert-Verlag.

Mayer. (2006). Interview und schriftliche Befragung. München: Oldenburg Wissenschaftsverlag GmbH.

Möhring, W., Schlütz, & D. (2003). Die Befragung in der Medien- und Kommunikationswissenschaft. Wiesbaden: Springer Fachmedien Wiesbaden GmbH.

Moosbrugger, H., & Kelava, A. (2011). Testtheorie und Fragebogenkonstruktion. Heidelberg: Springer Verlag.

Noelle-Neumann, E., & Petersen, T. (2005). Alle, nicht jeder. Einführung in die Methoden der Demoskopie. Berlin: Springer Verlag.

Petersen, T. (2002). Das Feldexperiment in der Umfrageforschung. Frankfurt Main: Campus Verlag GmbH.

Raab-Steiner, E., & Benesch, M. (2010). Der Fragebogen: von der Forschungsidee zur SPSS/PASW-Auswertung. Wien: UTB.

Rüdiger, J. (2012). Umfrage. Einführung in die Methoden der Umfrageforschung. München: Oldenbourg (Sozialwissenschaften 10-2012).

Schumann, S. (2000). Repräsentative Umfrage. München: Oldenbourg Verlag.

Walter, L., & Schnittker, F. (2016). Patentmanagement. Berlin: Walter de Gruyter GmbH.

Wintzer, & J. (2016). Herausforderungen in der Qualitativen Sozialforschung. Heidelberg: Springer.

Über den Autor

Ich studiere seit 2016, nachdem ich erfolgreich eine kaufmännische Lehre abgeschlossen habe, an der Hochschule Harz Wirtschaftspsychologie und Marketing. In vielen Experimenten und wissenschaftlichen Studien hatte ich Kontakt mit Themen aus der qualitativen Forschung und Wissenschaft. Die Erkenntnisse aus zahlreichen eigenen Experimenten möchte ich nun weitergeben. Seit 2018 betreibe ich einen YouTube Kanal über die Wirtschaftspsychologie und das Marketing.

Auf www.scientific-economics.com können Sie viele weitere Informationen zu Themen u.a. aus der Wirtschaftspsychologie finden.

Bei weiteren Fragen einfach mal vorbeischauen. Alle Links und Informationen findet man dort.
Vielen Dank für das Vertrauen in meine Arbeit. Ich wünsche Ihnen für Ihre Zukunft alles Gute!

ISBN: 9798601071949 (Independently published)
Covergestaltung: L. Winke, Bild: Sabelskaya ®

Jetzt auch auf Amazon erhältlich!

Konsumentenpsychologie und -verhalten: Marketingpsychologie - Kunden verstehen und lesen

Der Kunde mit seiner Kaufentscheidung entscheidet über den Erfolg oder Misserfolg des Unternehmens. Wer die Psychologie des menschlichen Verhaltens kennt, kann die Kunden besser verstehen und lesen. Die Wahrnehmungs- und Werbepsychologie geht dabei auf die menschlichen Wahrnehmungsfehler ein und erklärt, wie Design wirkt und wie man Produkte und Werbeanzeigen gestalten sollte. Das Neuromarketing und die Marketingpsychologie betrachtet die Denkfehler, die der Kunde bei der Kaufentscheidung macht. Eine Kaufentscheidung ist nämlich weniger rational, als Sie denken. Schlussendlich versucht die Wirtschaftspsychologie mit der Konsumentenpsychologie das Kaufverhalten der Kunden zu entschlüsseln und liefert praktische Anwendungsbereiche für das Marketing.

Marketing Management:
Die Grundlagen des Marketing einfach erklärt.

Die Marketingtheorie findet über die Marketingmaßnahmen Anwendung in der Praxis. Marketing ist aber vielmehr als nur Produkte zu verkaufen, diese zu bewerben, eine Distribution aufzubauen und Preise festzulegen. Der gesamte Marketingprozess ist viel umfangreicher. Er besteht aus der Analyse, Planung, Durchführung und Kontrolle von Unternehmenstätigkeiten. Auch die Markenführung gliedert sich in diesen Marketingplan ein und besteht wiederrum aus mehreren strategischen und operativen Entscheidungen. Dieses Buch kombiniert die wichtigsten Erkenntnisse aus dem Marketing-Management und der Markenführung.

Im Buch finden Sie alles, was Sie über die Marketing Grundlagen und über die Markenführung wissen missen:

- Der Marketingplan
- Die Marketingstrategien
- Der Marketingmix
- Der Markenprozess
- Die Markenstrategien
- Die Markenpositionierung
- und vieles mehr!

Printed in Germany
by Amazon Distribution
GmbH, Leipzig

29367686R00037